AF268046

LE THEOLOGIEN D'ESTAT,

FIDELLEMENT TRADVIT en Vers Burlesques.

DEDIÉ A LA REYNE REGENTE.

A PARIS.

M. DC. XLIX.

CEla posé, ie dis *MADAME*,
Que dans l'esperance du calme,
I'ay entrepris d'vn style bouffon
De vous presenter ce Momon;
Et couurant d'vn burlesque masque
Vn Casuiste fait comme vn Basque.
Ie n'ay point eu d'autre desir,
Que de vous donner du plaisir.
Ie vous le iure sur mon ame,
Et ie vais commencer

LE THEOLOGIEN
D'ESTAT.

Fidellement traduit en Vers Burlesques.

A LA REYNE REGENTE.

ADAME,

   Comme ainſi ſoit que i'aye appris
Du moteur de ce grand pourpris,
Que la verité priſonniere
Allume des Dieux la cholere,
Et qu'ils ſont tous fort curieux
De contempler entre deux yeux
La bonne Dame toute nuë,
Prouerbe qui court par la ruë :
Item, à ce ioignant l'honneur
D'eſtre voſtre ancien Seruiteur,
Autant en Burleſque qu'en Proſe,
Ie vous veux dire quelque choſe,
Et le tout en trois petits mots
Qui ne ſeront pas des plus ſots.
   Or eſt-il que toute la France,
MADAME, eſt en grand' doleance,

Et principalement Paris,
Qui a fort peu mangé de ris,
Quoy que prouifion neceffaire
Pour vn Carefme à l'ordinaire,
Et qui fort peu en mangera
Tant que la guerre durera.
Aga, dit cette bonne Ville!
C'eft prefque vne guerre ciuile,
Et desja nos Bourgeois camus
Ne chantent plus *Gaudeamus*,
Mais font tous tres-piteufe chere
Voyant la farine fi chere,
Encore c'eft ma bonne Maman

Le Nauire font les Armes de Paris.

Qui m'a tant promis de nanan,
Qui veut enfoncer mon Nauire
Dedans l'ocean de fon ire,
En authorifant Polonois,
Allemands, Goths, Allobrogeois,
Qui font neuf cent quinze rauages
Dans les Bourgs & dans les Villages,
En occifant les païfans;
La pefte! qu'ils font mal faifans.
    A tant fe tait Dame Lutece,
Plus deconfortée que Lucrece
De reffentir voftre courroux,
Quoy qu'elle vous aime comme choux,
Et que ma foy elle vous honore
Autant que Thiton fait l'Aurore.
Mais cependant qu'il m'en fouuien
Ie fais vn tour & ie reuien:
Car en effet quelque Zoïle,
Pourroit des'aprouuer mon ftile,
En m'obiectant de la façon:
Ie iure par ce Dieu garçon,
Au milieu de neuf Fueillantines,
Qui font fes tantes ou fes coufines,
Ses parens ou fes fœurs de laict,
Que ton difcours eft tres mal faict;

La ma-

La matiere est trop delicate
Pour receuoir forme si platte,
Et ces sentimens sont trop bas
Pour decider questions d'Estats.
Or ie t'adiourne à comparoistre
Deuant Phœbus nostre grand maistre
Qui tient sa Cour de Parlement,
Visum visu du Firmament,
Sur le coupeau du Mont Parnasse,
A' l'enseigne de la callebasse,
Quelqu'vn dira tu es prenu?
Pauure Poëte trotte-menu,
Nous reconnoissons ta fadaise,
Et tu en tiens chaud comme braise.
Mais moy qui ne suis pas si fat,
Ie dis que non tout net & plat.
Et pour deffendre ma querelle,
C'est que du beau Phœbus i'appelle
Comme de Iuge incompetent,
(Soit dit seulement en passant)
Ainsi qu'a mis dans sa Requeste
Vn qui de bon n'a que la teste,
Bien loin du genre feminin,
Au beau corps mais au chef malin,
Scaron qui dans vn corps ethique
Porte vn esprit tout Angelique,
Et qui, si ie ne suis menteur,
Doit estre nostre rapporteur,
Puis qu'il est le Dieu des Burlesques,
Puis qu'il excelle en ces grotesques,
Et que tous ceux qui ont escris
Ne sont que les diminutifs,
De ce genie au cul de jatte,
Qui n'est pas si droict qu'vne latte.
Tant y a que ce que i'en dis
N'est que pour resioüir les espris,
Et pour des'opiler ma ratte.
Porquoy non si le grand Socrate

Il y a vn prouerbe assez trivial, qui dit que de la femme tout est bon excepté la teste, mais il n'est pas si general qu'il ne s'en rencontrent beaucoup qui logent de belles ames dás de beaux corps, & peut estre que si on examinoit bien les Histoires, nous trouuerions autant d'Heroïnes que d'Heros dans l'Antiquité.

Alloit à cheual quelquefois
Deſſus vn grand dada de bois,
Pour esbaudir ſa geniture,
Ou par faute d'autre monture,
Quoy que Monſieur à tour de bras,
Et ſçauant à quatre Caras.
   Or pour retourner à mon conte,
C'eſt, Madame, vne grande honte,
D'en vouloir à cette Cité
Qui beuuoit à voſtre ſanté,
Et qui faiſant vn Roy de febue,
Perdoit le vray, ce qui la greue;
Alors meſme qu'à petit bruict
Vous fiſtes vn trou à la nuict,
Et que ſans payer le loüage,
Touche Cocher, plions bagage,
Qu'on foüette droict à S. Germain,
Puiſque nous ſommes à demain.
Cependant c'eſt elle en perſonne,
Qui comme vne ſage Matrone,
A ſeule compatie à vos maux
Dedans le temps de vos trauaux,
Maudiſſant ces ombres malignes
Qui cachoient vos vertus diuines,
Et choquoient voſtre authorité,
Soy diſans gens de probité,
Quoy que ce fuſſent des canailles,
Ou pour mieux dire des vrais diables.
   Secondement ie dis de plus,
Et cela n'eſt pas ſuperflus,
Qu'elle a marqué en letrre rouge
Le iour que non pas dans vn bouge,
Mais bien dans le Palais Royal
Dieu vous deliura de tout mal,
Quand par ſa diuine aſſiſtance
Vous euſtes vn ſucceſſeur de France,
Que du depuis on a nommé
Lovis treize & vn, le Dieu donné,

C'eſt autant que le quatorziéme ;
Et n'importe pas le quantiéme :
Ieſus, *Maria*, qu'elle fut rauie ?
De vous voir ſurmonter l'enuie,
Triompher de l'affliction
Vn peu deuant l'Aſſomption,
Et douner en tiltre de mere,
A vous vn fils, a elle vn pere ;
Car peres ſont appellez les Rois
Qui doiuent maintenir les lois ;
Les Royaumes eſtans des familles
Dont les ſubjects ſont fils & filles :
Neantmoins voſtre Majeſté,
Dont par Iehan c'eſt grand pité ;
Souffre que ſa grand'fille aiſnée,
Soit au bloc ainſi condamnée,
Trainant tous ſes plus beaux atours
Dedans les bouës des carrefours ;
Ou quand quelqu'vn eſt bien faſché
Il deſchire ſon couureché,
Et deſchirant robbe & ceinture,
Phraſe de la ſaincte Eſcriture :
Bien qu'elle vous ait ſur ſes épaules,
Qui atteindent plus loin que gaules,
Portée deſſus les Fleurs de lys,
Et malgré tous vos enñemis,
D'où eſt venu le nom de gaules
Pour gauler ceux qui font les droles,
Et deffendre voſtre vertu,
Qu'ils auroient peut-eſtre abbatu.

  Au diable zot qui voudroit croire,
Que les effects de ſa miſere
Prouinſſent de quelque couroux,
Homme qui n'eſt pas des plus doux,
Et don. ''effroyable viſage
A touſiours en bouche i'enrage,
Ou que tout ce qu'elle a ſouffert
Non de Galas ou Iean de Vert,

Iffit d'vn defir de vengeance,
Qui eft vne mauuaife engeance :
Ie fçay que les Princes & les Rois
Sont vn peu glorieux quelquefois :
Mais bafte , puifque dame Iane
Sur fa felle brait comme vn âne,
Et qu'Artus Maiftre Sauetier
Tient rang d'oignon en fon quartier,
Quant au Caporal ou Soudrille
Il va pour deffendre fa ville,
Et qu'au Tambour reglant fes pas
Il fait fonner vn mort non pas.
Ce n'eft point pourtant, ie m'explique,
Que ie veüille qu'vn Roy fe pique
Des ciuiles oppofitions,
Qu'on fait à fes pretentions,
Et que mainte rouge iacquette
Qui ne fait pas fouuent faillette,
Forme pour le bien de l'Eftat,
Qui eft en fort mauuais eftat,
Quand fous ombre de Politique,
On y fait guerre domeftique.
Iamais la volonté des Rois
N'a efté l'aune de nos lois,
Tefmoins vos majeurs & anceftres,
Qui euffent crû faire biceftres
D'eftablir quelque reglement
Sans prendre aduis du Parlement.
Si vous euffiez fait de la forte
La France en feroit bien plus forte,
Au lieu qu'elle en a tout du lon
Depuis le pied iufqu'au talon,
Si voftre Majefté, MADAME,
En vous rendant ne luy rend l'ame,
Car vous furmonterez ou non :
Choififfez Madame Nanon.
Puifque icy ma Burlefque rime,
Peut bien ce me femble fans crime,

Deriuer

Deriuer ce beau petit nom,
Puifque d'Anne on fait bien Nanon,
De Reine pomme de Reinette,
De France agir à la Francquette,
De Parlement Parlementeau,
Q'on a tiré par le manteau,
Mais qui n'a point quitté fon pofte,
Bien qu'il ait fait faillir la pofte.
Cependant la grande rumeur,
Ciel fais qu'on ait la peur.
Mais pour reuenir à mon dire,
Qui n'eft que pour vous faire rire,
Sur ce en quatre petits vers,
Voicy & l'endroit & l'enuers:
Voftre authorité furmontée,
Sera par les foux mefprifée,
Et furmontante elle fera
Indigeftible à l'eftoma.
Et mal faifante à noftre France,
Autrement que par la clemence,
Mais fi par clemence agiffez,
Ha! combien vous en refioüiffez!
Certes, on fera des feux de ioye,
Les Mariniers tireront l'Oye,
Et fi on ira en battiau
A la Maifon rouge & à Chaliau.
Mais pour ne point perdre la pifte
Qu'a fuiuy noftre Cafuifte,
Parlons de M. Mazarin,
Qui eft plus riche que Marin,
L'Orateur l'appelle Excentrique,
Certe le mot eft magnifique.
Mais comme ie ne l'entens pas,
Paffons; il dit vn peu plus bas,
Qu'à moins qu'on oftaft la Couronne
Au Roy; voftre Augufte Perfonne
Ne fembloit pas deuoir iamais
Employer contre le Palais

Vne rigueur si authentique,
Qu'on lira dans nostre Cronique,
On y adioustera le pourquoy,
Et peut-estre on dira la loy
Auoit tort de choquer la Reine,
Qui s'estoit tant donnée de peine.
Quoy que s'en soit, ie sçay fort bien
Que le Peuple Parisien
A des passions immortelles,
Iusqu'à se rompre les ceruelles
Pour vostre fils leur Dieu-donné,
Qu'il aime sans lantiponné,
Comme estant bon garçon bien sage,
Et qui merite mainte Image;
I'entends des Images du Roy,
Qui sont des Louys de bon aloy,
Et puis allez perdre vne ville,
Qui fournit d'espingle & d'esguille
A cent mille ames tous les iours,
Tant à la ville qu'aux faux-bourgs,
Et iettez sur elle anatheme,
Disant qu'elle n'a pas fait son theme,
Que vous voulez qu'elle ait le foüet,
Qui n'est autre que ventre net,
Ou pour mieux parler la famine,
Car si dessus sa bonne mine
Vostre Conseil iuge qu'il faut
Oster le pain : Celuy d'Enhaut,
Id est la loy de Nature,
Dicte dans cette conjoncture
A tous vos fideles subjés
De deffendre Dame Cerés,
Et de combattre pour la gueule,
Mais cette raison n'est pas seule :
Car quand on a pris le mousquet
C'a esté pour se deffendre, &
Empescher qu'vne ville entiere
Ne deuint vn grand cimetiere.

Ce que le dehors de Paris,
Compris les femmes & les marts,
Ont souffert dans l'échauffourée,
Montre qu'on l'a belle échappée.
Et que s'on eut pris nos dedans,
Nous y estions tous bien dedans :
Car c'est le dicton ordinaire
Quant on fait quelque pietre affaire.
Helas ! on a fait des pechez,
Qui seront vn iour épluchez,
Et dont Dieu leur tiendra bon conte,
A luy la gloire, à eux la honte :
On a marché sur du bon blé,
Maint homme a esté accablé,
Et ces Allemans, ces belitres
Ont presque cassé tous les vitres
Des villages circonuoisins,
Sans mesme espargner leurs voisins.
Hé! qu'ont fait ces pauures laictieres,
Qu'ont fait ces miserables herbieres,
Sinon qu'à porter des poireaux,
Des choux, des raues & des naueaux,
Pour estre embrochées toutes viues
Par des gens sous comme des griues,
Encores ce n'est pas là grand mal,
On n'en va pas moins à cheual,
Et il n'est pas besoin d'emplastre ;
Mais d'auoir battu comme plastre
Quelques innocens du païs,
C'est dequoy ils seront haïs,
Et souffriront mainte reproche,
Tant qu'au monde on tournera broche.
Ie sçay bien que ce n'est pas vous,
Ceux qui le croiront sont des fous,
Mais nous auons vn vieux prouerbe,
Que i'ay retenu de Malherbe,
L'vn debout, moy sur vn placet,
Que quiconque tient le tacet,

Semble confentir à la chofe,
Ce qui n'eft pas dedans la profe,
Et qui n'y a iamais efté,
Car ie l'ay moy mefme inuenté.
Mais non cecy, helas! MADAME,
Ne confultez rien que voftre ame,
Et puis le tout fera conclu,
Fuft-ce le Ieudy abfolu :
Les perles de voftre Couronne,
Qui eft vne bonne perfonne,
Et terniffent fur voftre front,
Ce qui feroit vn grand affront,
Si ce n'eftoit par hyperbole,
Mais toufiours la penfée eft drole,
Et reffent bien fon Orateur,
Qui doit eftre fouuent menteur.
Confiderez que l'on engage
Vn Roy encor dans fon bas âge,
A empourprer les Fleurs de Lys
Du fang de fes meilleurs amis,
Lors que fa premiere innocente,
Qui a fait triompher la France,
Les deuroit blanchir comme lait,
Qui paroift pluftoft beau que lait;
Et en effet dans ces defordres,
Quelqu'vn qui auoit tous fes ordres,
Ou bien tranchant du Confeffeur,
Peut dire icy ma pauure fœur?
Cela s'entend du cofté d'Eue,
Alias on diroit tu refue;
Hé quoy donc ne craignez vous pas?
Vn Dieu qui marche à petit pas,
Mais qui fatisfais fa Iuftice
De la pefanteur du fupplice,
Er qui paye le retardement
Par la grandeur du chaftiment;
D'eftendre leur authorité
Mefme fur la pofterité,

Et quoy qu'ils puiſſent en ces matieres,
Des Communautez toutes entieres,
Retirer leurs iuſtes faueurs,
Leurs priuileges & leurs honneurs:
Ils ne peuuent auec iuſtice,
Punir la vertu pour le vice,
Et confondre les innocens
Dans la vengeance des meſcens;
Car ce n'eſt pas ioüer en renonce
Que d'eſcrire comme on le prononce.
Hé, demandons-le à Sainct Thomas,
Qui ne connut iamais les as,

Triple octo-
gone, c'eſt
à dire trois
dez.

Comme maint que triple octogone,
Reduit à demander l'aumoſne,
Ou ioüer ſans flatter le dé
A qui vn fait rimer Condé,

On a imprimé
la guerre ciui'e
en vers burleſ-
ques, qui eſt
vne piece fort
recreatiue, où
l'Autheur a ain-
ſi parlé de Mõ-
ſeigneur le Prin-
ce de Condé.

Dedans ſa burleſque guerre,
Lan Lérida, lere lan lere,
Comme s'il ioüoit à parolys
La Couronne & les Fleurs de lys,
Ou qu'il dit en deliurant chance,
Maſſe le Royaume de France,
Et iamais Galet ne reſua
A faire vn tel ſept heleua.

Vn Prince qui
fut triomphant,
Au poinct qu'il
ceſſa d'eſtre en-
fant,
Et qui remporta
de l'Eſtude
L'eſprit poly &
le bras rude,
Cet Heros qu'on
nomme Condé,
Qui n'a iamais
quitté le dé, &c.

S. Thomas
accorde
toute ſorte
de neceſſité
auec noſtre
libre arbi-
tre, c'eſt la
queſtion du
temps.

Or donc cet' Ange de l'Eſchole,
Chez qui neceſſité friuole,
Compatit auec liberté,
Nous a hautement proteſté,
Soit dans la Gloſe ou dans le Texte,
Qu'on ne peut ſous quelque pretexte
D'Eſtat, ny de Religion,
Dans vne pareille action
Faire perir l'innocence,
Ou ceux qui prennent ſa deffence.
Mais viença fat vſurpateur,
Qui tranche du Legiſlateur,
Iniuſte fauory du Prince,
Quand i'y ſonge les dents me grince,

In nullo caſu
licet occidere
innocentem.

Qui peux dire ton *In manus,*
Semblable à ce grand Sejanus,
Quand tu mets le pied fur la rouë,
D'où l'on tombe dedans la bouë,
Si on n'a affez de pouuoir
Pour y bien faire fon deuoir;
Hé, crois tu donc mon pauure Gille,
Qu'independant de l'Euangile,
Tu puiffe fous couleur d'Eftat
Nous faire mourir *ab inteftat.*
Comme fi vne Republique
Eftoit en bonne politique,
Autre chofe que fes fubjets,
Qu'elle ne doit traitter en valets,
Ains conferuer comme foy-mefme,
Tant en charnage qu'en Carefme ;
Car fi cette maxime a lieu,
Qui ne voit par ce beau milieu,
Que l'on peut excufer Herode,
Qui maintenant par l'Enfer rode,
D'auoir occis des innocens,
Treize mille & deux fois cinq cens,
Pour efgorger dans leur fupplice
Vn Dieu qui luy fera Iuftice,
Et qui luy fait des à prefent
Dans vn lieu qui n'eft pas plaifant.
  Ie dis encore vn coup Madame,
Que ny la pieté de voftre ame,
Ny les raifons de voftre Eftat
Euffent figné cet *exeat* :
Car en fin vous pouuez bien croire,
Que Dieu eft jaloux de fa gloire,
Que quant il s'agit de fon bien,
Il entend auoir tout ou rien ;
Et pourquoy fur luy entreprendre,
Puis qu'il peut tout reduire en cédre,
Sans que iamais qui que ce foy
Luy puiffe demander pourquoy ;

Il n'appartient qu'à ce grand Eſtre,
Qu'on ne traite point par peut-eſtre,
D'exercer ces punitions,
Exterminant des nations,
Et accablant meſme les Princes
Sous les ruines de leurs prouinces.
Et ſi neantmoins ſa bonté
Qui va iuſqu'à l'infinité,
Mais qui eſgale ſa puiſſance,
Modere bien mieux ſa vengeance;
Car quoy qu'il puiſſe quelquefois,
Iuſtement & à peu de frais,
Faire & du Ciel & de la Terre
Vn petit monceau de pouſſiere,
Iamais neantmoins on a veu
Qu'il ait ſa colere eſtendu,
Deſſus Prouinces ou Bourgades,
Qui n'ont beſoin de ſauuegardes,
Sinon quant d'horribles forfaits,
Commis par des eſprits mal faits,
Ont arraché de ſa Iuſtice
Tonnerre, foudroyant ſupplice,
Ou autrement dit le carreau,
Propre à fracaſſer maint cerueau.
Exemple de cecy. Sodome
Que rendoit ſuperbe maint dome,
Gomorrhe *item*, & autres trois,
Le tout fait-cinq en bon François,
Pour auoir bleſſé ſa Iuſtice,
Par vn eſpouuentable vice,
Eſprouuerent la peſanteur
Du bras d'vn Dieu dans ſa fureur,
Et complices des meſmes crimes
Seruirent de meſmes victimes:
Auſſi ce fut pour des pechez
Qu'on nomme à Paris renuerſez;
Et qui par vne haute impoſture
Firent horreur à la nature;

De plus quélques meſchans vauriens,
Qu'on appelle Iebuzeens,
Phereſeens, Amalechites,
Furent par les Iſraëlites
Vn peu chargez d'appointement,
Tel eſtoit le commandement;
Mais ce ne fut pas pour poires molles,
Diantre, ils adoroient les Idoles,
Et mangeoient en vn ſeul repas
Deux cuiſſes d'hommes & quatre bras;
Bref, c'eſtoit des antropophages,
Et ie ſuis fou s'ils eſtoient ſages,
Mais ie ſuis ſage & ils ſont foux
D'auoir allumé ſon courroux.
Auançons; dedans l'Euangile
Vn grand Roy fait ardre vne ville,
Quelqu'vn dira certe il fit mal,
Tu as menty, gros animal,
Reſpect toute la compagnie
Il fit, le diable me renie,
Vne action digne de luy,
Et telle qu'on feroit auiourd'huy:
Pourquoy donc icy le reprendre?
Le condamne-tu ſans l'entendre;
Voy, d'vn commun conſentement
Elle fit mourir impunément
Vn Ambaſſadeur ordinaire,
Et bien dis, pouuoit-il mieux faire,
A moins que de recommencer,
Il la falloit faire danſer.
Le tout conſideré, grand' R E I N E,
De par Madame Sainte Reine,
Examinons vn peu nous deux,
Qui a entortillé ces nœux,
Et demeſlons cette fuzée,
Qui paroiſt vn peu embroüillée.
Trop viuement de vos Subiects
On pinçoit tous les intereſts,

Et pre-

Et pretendoient quelques Miniſtres
De receus emplir leurs Regiſtres,
Et leurs bourſes de bon argent,
Aux deſpens du peuple indigent.
La menuë populace en tremble,
Sur ce le Parlement s'aſſemble,
Quelqu'vn dit ce fut pour luy ; mais
Ce quelqu'vn là eſt vn benais.
Item, & les Cours Souueraines
S'y tranſportent auec leurs bedaines,
Voſtre Conſeil y reſiſtoit,
Mais au diable qui l'eſcoutoit ;
Et quelques vns dans ces affaires,
En voulans paſſer pour bons freres,
Tinrent vn peu le *Superius*,
Et meſlerent trop de verjus,
Dans cette liberté Françoiſe,
Origine de noſtre noiſe.
Ils firent pluſtoſt bien que mal,
Mais malheur pour le Carnaual,
Vous en paruſtes vn peu picquée,
Et vne belle apreſdinée,
Alors qu'on y ſongeoit le moins,
Sans production de teſmoins,
Vous fiſtes enleuer quelques teſtes
Du Parlement ou des Enqueſtes,
Qui parloient contre les Impoſts,
Bonnes gens, ou la mort pluſtoſts.
Auſſi vray nous ne pouuons toûs,
MADAME, conceuoir en vous
Des intentions meurtrieres,
Qui n'appartiennent qu'aux Boucheres,
Et mal ſeantes à vn eſprit,
Qui tout confit en Ieſus-Chriſt,
Sent preſque toutes les ſemaines
Couler ſon ſang parmy ſes veines,
Et arme ſi ſouuent ſon cœur
D'vne ſacro-ſaincte liqueur :

Auſſi vn Sainct qui n'eſt pas beſte,
Ains qui porta long-temps ſa teſte,
Faiſant ſeruir ſes mains de cou,
Sans chopper à pierre ny caillou,
En vn mot Sainct Denis en France,
Qui à nos maux donne allegeance,
Et dont on a ſi mal traitté
Depuis peu la ville & cité,
A laiſſé eſcrit dans vn Liure,
Que le thrône n'eſt iamais yvre,
(Eſtant eſleué par trop haut,
Pour eſtre ſubiect à l'aſſaut)
De ces bourraſques populaires,
Qui peuueut exciter les coleres,
Car auſſi toſt que meſchant vin
Paſſion donne Lauertin.
Et vous eſtes trop bien appriſe,
Pour douter dans cette entrepriſe
Ce qu'en dit le Texte ſacré,
Que Dieu des vengeurs s'eſt vengé;
Effectiuement beau paſſage,
Qui nous deuroit bien rendre ſage,
Et dont l'Orateur qui eſt fin,
N'a pas oublié le Latin,
Car il l'a bloqué dans ſa marge,
Sinon plus longue au moins plus large;
Et puis adiouſtez à cecy
Vn petit Sixain non chancy,
Si pour ſe venger d'vne teſte,
Les grands ont ſouuent fait la beſte,
Et ſont tombez dans le lacet,
Qu'ils preparoient à vn ſubjet,
Pour en ruiner cent & cent milles,
A qui vendrez vous vos coquilles.
Helas, MADAME, croyez moy,
Iamais vn ſage & prudent Roy
N'a voulu cauſer funerailles,
Aux ſubjects qui ſont ſes entrailles;

Mais cela eſt mieux exprimé
Dans la proſe qu'en bout rhimé,
Si pourtant faut-il que ie diſe,
Que ſouuent on pert ſa valiſe,
Quant on ſe met ſur le chemin,
Pour tirer Pierrot ou Ianin;
Car ſur le poinct de la vengeance,
Et ce lors que moins on y penſe,
Vne main deſtruict nos projets,
Grauant MANE, TESSEL, PHARES,
Sur le coin de quelque muraille,
Comme il auint à la canaille,
Où Baltazar ce grand voleur,
Fut traitté en Monopoleur.

   Vous direz, l'Eſtat le commande,
On me prend pour quelque Allemande,
D'ainſi choquer l'authorité
D'vn Roy dans ſa minorité.
Mais voicy comme ie raiſonne,
Sans eſtre Eſcholier de Sorbonne,
Auoüez moy la verité,
Dieu vaut bien voſtre Majeſté;
Ouy, direz-vous, & dauantage;
C'eſt reſpondre en perſonne ſage:
Or Dieu eſpargne vne cité,
Que ſon ire auoit excité,
En faueur de dix hommes iuſtes,
Qui meritoient les noms d'Auguſtes,
D'auoir deſtourné les fleaux,
Que Dieu eut fait plouuoir à ſeaux
Deſſus cette determinée,
Qu'il auoit deſia condamnée:
Ergo donc, MADAME, en ce lieu,
Si vous pouuez imitez Dieu,
Et pardonnez à vne ville,
Qui des iuſtes a plus de mille.
Si peut eſtre vous n'entendez
Que des Iuſtes on a enleuez

L'original & les copies,
Pensée que l'on apprend aux pies.
Cependant il n'est ja permis
Aux Roys, de Dieu les grands amis,
Et qui marquent dessus la terre,
Plus viuement son caractere.
Est-ce là tout ? Nenny ma foy,
Car ruinant Paris, croyez moy,
Vous ébranlez toute la voûte,
D'où s'enfuiuroit grande déroute.
Chacun est Bourgeois de Paris,
Chacun s'interesse en ces cris,
Et tant de villes ont alliances,
Commerces & correspondances,
Dans cet Vniuers racourcy,
(Petit vers qui vient bien icy)
Que dans l'Europe de la France,
Gage le pourpoint de ma gance,
A peine en trouueroit'-on deux,
Qui ne pleurast de ses deux yeux,
La perte de cette Maistresse,
Dont maistre est le pain de Gonesse,
Car pour pain de Gonesse on prent,
Ce qui se fait de blé fourment;
Metail, son, & quelquefois d'orge,
De tout necessité fait gorge ;
Et de plus, quelque bon succez,
Que vous ayez de ce procez,
Il faut bien que le sort des armes
Vous resoude à quelques alarmes,
Comme à voir couler mainte fois
Le sang mesme de vos François :
Item, & l'argent de vos poches,
Quelquefois voler des caboches,
Et vous auez desia perdu,
Dedans vn Bourg bien deffendu,
Beaucoup de ces illustres testes,
Qui deuoient finir leurs conquestes

En

Les notes marginales :

bien rencontrer disoient, que Monsieur le Cardinal ne s'é-toit pas conten-té d'auoir enle-ué les copies des Iustes, mais qu'il auoit en-core enleué l'o-riginal : pensée qui a couru par tout Paris , & est demeurée fort triuiale.

Ce vers est dans la Guerre ciuile en vers Burlef-que desia cité cy-dessus.

En arborant les Fleurs de Lys,
Non fur Corbeil ou fur Senlis,
Mais fur les rempars d'Andrinople,
Dite aujourd'huy Conftantinople.
  Et à tous ces maux adiouftez,
Que tous les païs reuoltez,
Par ces guerres fi inciuiles,
A force d'eftre trop ciuiles,
Efpuiferont tout voftre Eftat
De celuy qui fe couche plat,
En Politique, c'eft Finance
Qui dit on eft bien rare en France,
Sinon en France au moins chez nous,
Mais, MADAME, il ne tient qu'à vous
Qu'il n'y en ait dedans ma bourfe,
Affez pour acheuer ma courfe,
Et quelque petite douceur
Me refioüiroit fort le cœur,
Et me mettroit bien à mon aife,
Mais ce n'eft que par parenthefe :
De plus auec vn beau maintien,
A tout le monde ie fouftien,
Que vous auez monftré au peuple,
Qui quoy badaut n'eft aueugle,
Les forces qu'il pouuoit auoir,
Ce qu'il ne deuoit pas fçauoir,
Et quiconque en cherche la caufe,
Qu'il l'aille lire dedans la Profe :
Mais ce qui me fafche le plus
Parmy les combats roquelus,
Eft que ces guerres inteftines,
Qui ont empefché les gelines
Qui nous venoient au Carnaual,
Du Mans, tant à pied qu'à cheual,
Rehauffent beaucoup l'efperance
De ceux qui n'eftoient gueres en chance,
Et releuent les ennemis,
Qui difoient leurs *De profundis*,

Si que remontans fur leurs beftes,
Ils veulent ruiner les conqueftes
Du feu Roy voftre bon mary,
Qui dans le Ciel en eft mary,
Mais c'eft pour vanger la querelle
D'vn Roy qui eft fous ma tutelle;
Et c'eft fa feule authorité,
Qui m'a à ce faire porté;
Mais mal. elle n'eftoit point bleffée,
Elle n'auoit que faire de faignée,
Et peut-eftre que la douceur
Auroit mieux fait que la rigueur.
Puis nous auons Lettres Patentes,
Que les Regens ou les Régentes,
Ne font pas les originaux
Des cenfiues & droicts Royaux,
N'en eftans que depofitaires,
Et qu'on peut dedans ces affaires,
Leur oppofer vifte la loy,
Quant il font de leurs quant à moy,
Et par tres-humbles remonftrances
Traitter auec les Eminences.
Et *nota* que cette iournée,
Qui auoit efté deftinée
Au *Te Deum*, & aux ébas,
Pour auoir mis la Flandre à bas,
Et frotté par mainte victoire,
Gens qui de peur auoient la foire,
Fut changée en cris & rumeurs,
Qui ne faifoient qu'aigrir les cœurs.
Monfieur le Bourgeois prend les armes,
Qui n'eft pas fot dans ces allarmes,
Non tant pour fe faire raifon,
Que pour deffendre fa maifon,
Et pour deftourner le pillage
Qui menaçoit ce grand village.
Du depuis la braué Cité,
Se foumit à fa Majefté:

La fureur de ces Incartades
Cessoit auec les barricades ;
Et les furies de cette mer,
Qui menaçoient vn monde entier,
S'arresterent à vn grain de sable,
Dont chacun s'écria, Miracle,
Et signant d'admiration,
Dit, Ha, que le bon Dieu est bon !
Vous mesmes approuuastes son zele
Digne de Vous, & digne d'Elle,
Vous estiez sans ressentiment,
Sinon au vray, apparament.
Et là nostre prompte obeïssance,
Sembloit radouber cette offence,
L'oubly en estoit debité
Dans les chaires de verité :
Et apres tout cela, Madame,
Vous auez pris vne autre game,
Et auez autrement chanté
Que vous nous auiez protesté,
Non pas par la clef de nature,
Qui dedans cette conjoncture,
Vous auroit donné vn milieu
Pour vous accorder auec Dieu,
Et partager vostre vengeance
Auecque vostre conscience :
Car en fin Paris inuesty,
Vostre Royaume my-party,
Les Princes armez contre les Princes,
Le bouleuersement des Prouinces,
Et tant d'autres sujets d'horreur,
Qui prouiennent de ce malheur,
Nous font bien toucher nostre playe,
Mais l'on prend tout pour vne baye,
Quant on vous voit à Sainct Germain
Demander nouuelles du pain :
Aussi vn dit, Ce n'est pas elle,
C'est plustost la ville rebelle,

L'autre repart : vrayment famon !
Gage que fi, gage que non ;
Enfin tout le monde en murmure,
Mais vn homme à la tefte meure
Interuenant à ce difcour,
Par vn pour vous le faire cour,
Iure que le demon de France
A infpiré cette vengeance,
Non pas le bon, mais le mauuais,
Que Dieu confonde & Sainct Geruais,
D'auoir femé la zizanie
Par toute la chere patrie.
En effet il eft plus permis,
Ie m'en rapporte à vos amis,
D'encherir en quelque inuentaire,
Sur des meubles mis à l'enchere,
Que d'ainfi choquer ce grand Tout,
Qui pouffe les affaires à bout,
Et ne faut pas perdre vne ville,
Pour vne petite vetille,
Vne opinion d'authorité,
Qu'il ne pert qu'à l'extremité :
On vient pour chaftier Niniue,
L'innocente luy crie qui viue,
Qui rare en cette ville eftoit,
Mais touftours il y en auoit.
Sa iuftice cede la place,
Vn Courrier apporte la grace
A ces illuftres criminels,
Condamnez aux feux eternels,
Et en faueur mefme des beftes
Il pardonne à cent mille teftes :

Le Theologien d'Eftat cite en la marge *Iona. fap. vlt.*

(Ionas au Chapitre dernier,
Lequel fans mail ny denier
Vefcut trois iours à table d'hofte,
Quoy qu'il y fut à la compote
Dans le ventre d'vn gros poiffon,
Qu'on ne prend point à l'ameçon.)

Et vous

Et vous dedans cette occurrence,
Bien qu'il y ait grand' difference,
M A D A M E, vous ne voulez pas,
Pour l'innocence faira vn pas.
Vous direz que voftre cholere
N'en veut ny à Iean ny à Pierre,
Qu'on vous liure le Parlement,
Qui a parlé infolemment,
Que cela vous rend plus contente,
Que moy cent mil efcus de rente,
Sinon vous nous trouuerez bien,
Si tant eft que n'en faifions rien;
Là deffus en Theologie
On fait vne queftion iolie,
Sçauoir mon, fi vn inhocent
Doit eftre liuré à vn grant,
Qui ne veut point d'autres victimes
Que pour l'expiation des crimes,
Ou par la tefte & par la mort,
Il fera faccager le fort,
Et que fi l'on fait plus de mine,
Il s'en va faire ioüer la mine.
Tous refpondent, au moins la plufpart,
Que pluftoft le tiers & le quart,
Doit s'offrir à cette vengeance,
Que d'abandonner fa deffence,
Et endurer qu'il luy foit fait
Aucun tort ny aucun méfait.
Parce, difent-ils, que l'Eglife
Deffend qu'vn peché s'authorife,
Par le fuccez d'vn bien d'Eftat,
Fut-il vtile au Potentat,
Et neceffaire à la police,
Qui ne veut rien que la Iuftice;
Ainfi le peuple de Paris,
D'ailleurs engagé aux paris,
Ne laiffera pas dans la boüe,
Ceux qui ont pouffé à la roüe,
Pour conferuer les interefts,
Deftruifant d'iniuftes projets,

Et il a trop de conscience,
Pour condamner à la potence
Des gens de cette qualité,
Qui ne vous ont point mal traitté,
Mais qui fçauent lire & efcrire,
Au moins à ce que i'ay ouy dire,
   Mais paffe fi raifon d'Eftat
Ne repugne à cet attentat,
Augufte, ce grand Politique,
Succeffeur d'vn qui fit la nique
A nos anciens Peres Gaulois,
D'où l'on fait defcendre nos Rois,
Dit fans confulter la Sybille,
Que celuy là eft mal habile,
Qui en fait de Gouuernement
Se iette inconfiderément
Dedans cette forte d'affaire,
Où il fera l'eau toute claire,
Et gagnant peu perdra beaucoup,
Comme vous auez fait à ce coup :
Quoy hazarder toute la France,
Pour vn defir de complaifance,
Et vouloir affamer Paris,
Qui eft vn petit Paradis,
Et dont i'entreprendray l'Eloge,
Puis qu'il eft dix heures à l'horloge :
Et ie vous veux dire en paffant,
Grande Reine, qu'en ce faifant,
Vous faites tout ainfi tout comme,
Si vous qui n'eftes pas vn homme,
Couppiez auec vn gros coutiau
Voftre Couronne en deux morciau.
Sainct Iean ! c'eft la Reine des Villes,
C'eft la plus droite de vos quilles,
Le plus haut luftre de l'Eftat,
Auec qui vous ioüez au forçat :
C'eft le lieu de maint' grande affaire,
Des trophées la depofitaire,
Qui fait la gloire de nos Roys,
Comme celle de bons François,

L'admiration de tout le monde,
Et plus de dix lieuës à la ronde :
Bref, des ennemis la terreur,
En tout bien & en tout honneur;
De plus, c'eſt la mere nourrice
Des Sciences & de la Iuſtice,
D'où vous vient l'argent le plus net,
Belle piece de cabinet,
Quand n'y auroit que la Sorbonne,
Si ie mens Dieu me le pardonne,
Et pour vous le dire en trois mots,
Il y a des pots à moineaux,
Et mille petites ſornettes
Iuſques à des marionnettes.
Song z au compte eſpouuentable,
A qui tout ſera redeuable,
Dans la vallée de Ioſaphat,
Autant le ſage que le fat;
Pour moy ie penſe que les larmes
Des oppreſſez par vos gendarmes,
Seruent de pierre à aiguiſer,
Car il ne faut plus déguiſer,
Pour affiler l'eſpée diuine,
Non ſur la troupe Theatine,
Mais ſur vous & ſur vos neueux,
Pour qui nous faiſons tant de vœux,
Et nous en ferons tant que terre,
Si vous faites ceſſer la guerre,
En faiſant ſuccedeï la paix,
Le comble de tous nos ſouhaits.
   Mais ma foy ie ſuis las d'eſcrire,
Autant ou plus que vous de lire,
Et Dieu mercy il me ſouuient,
A qui attend tout à point vient,
Qu'on apprend dans la Rethorique,
Entre autres vne vieille rubrique.
On dit, Ie veux taire cecy,
Et ſi neantmoins on le dy,
Item, Ie paſſe ſous ſilence
Son inimitable prudence,

Qui a fait cela & cela,
N'en difons rien du tout, paix là.
La fineffe n'eft pas mauuaife,
Ie m'en veux feruir à mon aife,
Et la traitter extrémement,
Or voicy comme ie m'y prent;
Ie ne vous dis donc rien, MADAME,
Du conducteur de cette trame,
I'entens felon le Publicain,
Efpagnol, François, Affricain:
En fin felon la voix publique,
Qui n'entend point qu'on luy replique,
I'épargneray donc voftre cœur,
Tel fut le deffein de l'Autheur,
Et ne rompray point vos oreilles
De tout' ces menuës bagatelles,
Et puis tout cela n'eft qu'abus,
Paffons icy le vieux rebus,
Qui dit que bonne renommée,
Vaut mieux que ceinture dorée,
Seruiteur tres humble au fieur Get,
Et à Dauid fon bon fubjet,

L'v eft adioufté A Conftantin, à Theodouze,
pour faire la Sur la fin de la page douze,
rime. A l'opiniaftre Reboan,
A Berenice & fon Aman,
Fils du plus auaricieux pere
Qui fut oncques deffus la terre.
   Vrayment nous ferions mal appris,
Si nous auions tous entrepris
De vouloir dans cette occurrence
Mefprifer & Reine & Regence,
Ou vous faire venir à iubé
Pour auoir troublé nos phæbé:
Nous connoiffons trop bien, MADAME,
Que vous auez vne bonne ame,
Que ioignant à l'authorité,
Ce que nous appellons bonté,
C'eft eftre amateur du diuorce,
Que de vous tenter par la force,

Et agir

Et agir par neceſſité ;
Auſſi en bonne verité,
Il n'eſt pas fils de bonne mere,
Qui à Paris ne vous reuere,
Ceux meſme qu'on a fait plus noirs
Que les Acherontins manoirs :
Ceux-là, MADAME, ceux-là meſme,
Vous ayment, d'vne amour extréme,
Et voudroient pour quatre-vingts francs,
Vous porter au thrône des Francs,
Deuſſent-ils ſeruir d'eſcabelles,
Pour vous mieux teſmoigner leurs zeles :
Car apres tout qu'à fait Paris,
Dedans tous ces chariuaris,
Sinon de queſter ſa farine,
Pour ſe ſauuer de la famine,
Et en deſtournant ce fleau,
Se garder pour vous ſain & beau.
Et comment, feroit-il poſſible
Que vous haïſſiez cette Ville,
Ou que vous l'ayez en horreur,
Elle qui voudroit dans ſon cœur,
Loger & le fils & la mere,
Et ouurir ſes portes cocheres,
Iuſques à vos valets de pied,
Qui ayment mieux aller nud pied ;
A Paris, quoy que plain de crottes,
Qu'à Saint Germain auec des bottes ;
Puis iriez vous verſer du ſang,
Qui à Ieſus Chriſt couſte tant,
Et perdant vn million d'ame,
Ne vous acquerir que du blame,
C'eſt mal ajuſter ſon compas,
Auſſi ne le ferez vous pas.
On n'enſanglante plus la Scene,
Bon, dans Argos ou dans Athene,
Et ces cataſtrophes d'horreur
Repugnent à voſtre douceur,
Quoy qu'en diſe la médiſance,
Et honny ſoit qui mal y penſe.

Ce n'eſt pas que nous n'ayons prou
De l'eau, MADAME, iuſqu'au cou;
Nous voyons la faim & la guerre,
Dedans noſtre natale terre,
Et tous vos ſubjets expoſez,
Non aux fureurs des bazanez,
Mais à des gros ventres à biere
Qui en enuoyent mains dans la biere,
Paris n'eſt plus ce qu'il eſtoit,
Quand ſa Majeſté y eſtoit;
Le Procureur prend la praline,
D'eſcarlate ou de ratine,
Et l'Eſcholier deuient Souda,
Pour deffendre ſon bon papa.

Item, On chante en cette guerre,
Il a battu ſon petit frere,
Et cent mil autres bouts rimez,
Qu'on a pout du pain imprimez.
Perſonne en France ne traficque,
Le Marchand ferme ſa boutique,
Et court tous les iours au Palais,
Pour en apprendre du plus frais,
Et les valets d'Apothiquaires
Ne ſongent plus à leurs cliſtaires,
On ne voit plus pendre chez eux,
Ceans bon Hydromel vineux,
Et dedans cette caualcade,
On n'a garde d'eſtre malade:
Il n'eſt pas iuſques à Renart,
Qu'il n'en ait eu ſa bonne part,
Car n'ayant point de ſauuegarde,
Quelques ſoudrilles de la garde
Luy ont enleué tous ces fleurs,
Comme œillets de toutes couleurs,
Tulipes, anemones, amarantes,
Des petits roſiers plus de trentes:
Ils n'ont point trouué de ſoucy,
Car il n'en loge point chez luy:
Adiouſtez à toutes ces fraſques,
Que parmy ces grandes bourraſques,

Les bonnes sœurs en Iesus-Chrift,
Ont efté chaffées de leur lit,
Et quoy qu'elles ne foient point meries,
De vifiter les Tuilleries
A l'ouuerture du Printemps,
En quelque iournée de beau temps;
Si eft-ce qu'elles ont tout fait gille,
Se refugians dans la ville,
De peur qu'on ne leur fit cela,
Et non pas deuant Attila,
Mais deuant vos propres gendarmes,
Qui fangloient tout comme des larmes:
Vn Roy qui dedans fa verdeur,
Ne fut pas modefte frondeur,
Cet homme qui fit les fept Pfeaumes,
Poffeffeur de plufieurs Royaumes,
Ne voulut iamais boire l'eau,
Que trois des fiens non dans vn feau,
Et non pas mefme dans vn verre,
Soit de criftal ou de fougere,
Conquirent fur les ennemis,
Cela eftoit à eux permis,
S'entend aux defpens de leurs teftes,
Mais ces gens-là n'eftoient pas beftes:
Et puis qui oferoit penfer,
Que vous vouliez recommencer.
  Non ferez par la mordondienne,
Vons auez l'ame trop Chreftienne,
Et tout ce qu'auez projetté,
Ce n'eft point par mefchanceté,
Car vous voyant depofitaire,
D'vn à qui France èft tributaire,
Vous vouliez par feuerité,
Maintenir fon authorité,
Et donner vn exemple aux fiecles,
D'auoir puny quelques efpiegles:
Mais c'eft de par le Dieu des Rois,
Vn tour de la groffe trois nois,
Ou vn conte de ma mere l'oye,
De fe figurer que la voye,

La plus vtile au Potentat
Pour bien gouuerner vn Eſtat,
Soit de reduire ſi bas les peuples,
Que l'on mette à l'encan leurs meubles,
Et que pour les deniers Royaux
On empriſonne des vaſſaux.
C'eſt pourtant la route ordinaire,
Que dans ce ſiecle mercenaire,
Tous les plus violens fauoris,
Ont tres-impertinemment pris,
Pour regner iuſque ſur leurs maiſtres,
Sous ombre de ſeruir les traiſtres,
Ont voulu eſleuer ſi haut
Le ſein de Monſieur Guenegaut,
Et cette authorité Royale,
Qu'elle eſt cheute comme vne bale,
Qui tombe auec plus de roideur,
Qu'elle eſt pouſſée auec vigueur,
Et baſtiſſant ſur pied d'Argille,
Teſte de plomb, l'aſe les quille,
Sils n'ont donné le dementy
Aux Rois qu'ils ont aneanty :
On ne voit rien ſi ordinaire,
Dans tous les replis de l'Hiſtoire,
Qu'vn tas de Sceptres fracaſſez,
Par les peuples trop oppreſſez.
Mais ſur ce il vaut mieux me taire,
Car, ventre bleu, c'eſt voſtre affaire,
Comme ferez, Dieu vous fera,
MADAME, *Ergo & cætera*,
Et ſautant par ſus l'Epilogue,
Qui m'a ſemblé vn peu trop rogue,
Ie vous dis ſans faire le fin,
Bien bon ſoir & bonne nuict